AF300307

CATALOGUE

DE

BEAUX TABLEAUX

ANCIENS ET MODERNES,

DESSINS, AQUARELLES ET ESTAMPES;

CURIOSITÉS,

MARBRES, BRONZES, TERRES CUITES, MOSAÏQUES, IVOIRES ET BOIS SCULPTÉS;
PORCELAINES DE CHINE ET CÉLADON; BIJOUX, MÉDAILLES,
MEUBLES ET AUTRES OBJETS,

ET D'UNE BIBLIOTHÈQUE

Composée de plus de 2,000 volumes, Sciences et Arts, Beaux-Arts,
Histoires et Voyages, dont beaucoup de grands Livres à figures,

DÉPENDANT DE LA SUCCESSION

DE Mme LA C^{sse} DE FOURCROY,

DONT LA VENTE AURA LIEU, PAR SUITE DE SON DÉCÈS,

Les Mardi 2 Avril 1839, et jours suivans, à midi,

HOTEL DES VENTES,

Rue des Jeûneurs, n. 16,

Par le ministère de Me BONNEFONS DE LAVIALLE,
Commissaire-Priseur.

EXPOSITION PRÉPARATOIRE, au domicile, rue des Marais-
Saint-Germain, 18, les 27, 28 et 29 mars, de 11 à 5 h.

———

EXPOSITION PUBLIQUE, rue des Jeûneurs, 16,
Les Dimanche, 31 Mars, et Lundi 1er Avril, de midi à cinq heures.

———

LE CATALOGUE SE DISTRIBUE, A PARIS,

Chez { M_e BONNEFONS, rue de Choiseul, n. 11;
{ M. DEFER, expert, quai Voltaire, n. 19.

———

1839.

ORDRE DE LA VENTE.

Mardi,   2 avril à midi.   Tableaux, Dessins, Estampes.

Mercredi. 3   id.   Curiosités, Meubles, etc.

Jeudi,   4   id.   Livres du n. 189 à 277.

Vendredi, 5   id.   du n. 278 à 368.

Vendredi,   à 6 h. du soir. du n. 369 à 440.

Conditions de la Vente.

Les adjudicataires paieront 5 centimes par franc en sus des adjudications, applicables aux frais.

CATALOGUE

DE

TABLEAUX ET CURIOSITÉS, ETC.

TABLEAUX ANCIENS ET MODERNES, DESSINS ET AQUARELLES.

PAUL VERONÈSE (Paolo Caliari, dit).

1 — Jésus chez le pharisien ; à la droite de la composition la Madeleine au pied de Jésus-Christ. Tableau sur toile, de 6 pieds de large sur 5 de haut, très bien conservé.

Ce beau tableau a été donné par le marquis de Spinola à M. de Wailly, qui avait fait la décoration de son palais de Gênes, ce que nous apprend l'article du catalogue du cabinet de M. de Wailly, vendu en 1788, et que nous rapportons ici :

« Le Repas chez le pharisien, où l'on voit
« la Madeleine au pied de Jésus-Christ. C
« tableau est connu pour le petit du grand
« qui est à Gênes, au palais Durazzo, et a été
« donné en présent à M. de Wailly par M. de
« Spinola ; il est gravé dans la collection
« Hamilton (*Schola Italica*....) comme un des
« plus capitaux de ce maître. »

BOURDON (Sébastien).

2 — La Peste des Philistins. Belle composition de ce maître, remplie de ces pensées et de cette énergie qui le caractérise. Tableau sur toile de 6 pieds de large sur 5 pieds de haut. Il provient du cabinet de M. de Wailly.

ROTTENHAMER (Jean).

3 — L'Enfant Jésus sur les genoux de la Vierge, est adoré par trois anges. Tableau sur albâtre oriental.

VAN ARTOIS.

4 — Paysage de forme ovale, peint sur cuivre.

VANLOO (Charles André).

5 — Amour couché endormi.

6 — Un autre Amour : il est assis appuyé sur son arc ; près de lui, à terre, son carquois.

Ces deux tableaux ont été aussi attribués à Boucher.

METTAY (Pierre).

7 — Mercure apportant Bacchus aux Corybantes. Tableau sur toile de 5 pieds de haut sur 4 de large.

DEMARNE (Jean-Louis).

8 — Marine, épisode de naufrage : au premier plan,

un chien caniche aboit tristement près d'un
chapeau que la vague vient d'apporter sur
la plage.

SWEBACH, dit FONTAINE (Jacques).

9 — Halte de cavaliers près d'une ferme : l'un d'eux
embrasse une femme ; dans le fond des bes-
tiaux. *Swebach*, 1772.

10 — Un voyageur paraît demander son chemin à un
pâtre assis appuyé contre une vache cou-
chée, faisant partie d'un troupeau qui occupe
le milieu de la composition.

GÉRARD (François).

11 — Flore, déesse des fleurs et du printemps, est ca-
ressée par Zéphyr, sous la forme de fleurs.
Ce joli tableau a été gravé par M. Pradier.

SCHNETZ (M. Victor).

12 — Deux jeunes filles cueillant des fleurs, costume
de Nettuno, près de Rome.

13 — Un soldat Guelfe blessé raconte son malheur à
une jeune fille.

Ces deux tableaux, peints à Rome, ont été
exposés au salon de 1827.

LARIVIÈRE (M. Charles-Philippe de).

14 — Prisonnier au Capitole, visité par sa famille.
Tableau exposé au salon de 1827.

15 — Le Tasse malade au couvent de Saint-Onofris à
à Rome. Tableau exposé au salon de 1827.

16 — Portrait de M. Casimir Delavigne.

BOUCHOT (M.).

17 — Scène italienne : un paysan raconte à deux jeunes filles, dont l'une est agenouillée devant
une croix de bois plantée en terre, l'événe-
ment arrivé sur ces lieux.

COURT (M).

18 — Costumes de Mola de Gaëta, royaume de Naples :
une jeune fille baise la main d'un capucin.
Tableau exposé au salon de 1824.

19 — Une jeune italienne vouant son nouveau-né à la
Madone.

DUBOIS (M. François).

20 — Jeune fille d'Albano faisant la charité. *Dubois,
Rome,* 1830. Tableau exposé au salon de
1831.

ROGER (M. Eugène).

21 — Pâtre romain jouant de la flûte ; près de lui deux
buffles. *Roger, Rome,* 1836.

DEBAY (M. Auguste-Hyacinthe).

22 — Allégories des quatre âges de la vie. *Debay,
Rome,* 1827.

NORBLIN (M.).

23 — Vue intérieure du Colysée, à Rome.

CHAUVIN.

24 — Vue de la Villa Mécène, à Tivoli.

25 — Vue du Pausilippe, près Naples.

> Ces deux beaux tableaux, signés *Chauvin* ; *Rome*, 1826, ont été exposés au Salon de 1827 ; ils placent notre artiste au rang des premiers paysagistes du 19e siècle.

26 — Vue des marais Pontins, route de Naples.

BRASCASSAT (M.).

27 — Vue du pont de Bordeaux, prise du chantier de construction.

28 — Vue du magasin des vivres, à Bordeaux.

29 — Vue des ruines du théâtre de Taormine, en Sicile.

30 — Vue du temple de Vénus, à Bayes. *Brascassat*, *Rome*, 1829. Tableau exposé au salon de 1831.

31 — Paysage composé.

REMOND (M. Charles).

32 — Vue des Cascatelles de Tivoli, effet de soleil couchant *Rémond*, 1826.

TAUNAY.

33 — Susanne et les vieillards, fixé.

COTTRAU (M. Félix).

34 — Les Adieux du matin. Tableau exposé au salon de 1831.

35 —Brigand napolitain. Aquarelle, *Cottrau*, 1825.

36 — Les Pèlerins, site d'Italie. Aquarelle.

37 — Le Marchand d'oranges , costumes Napolitain. Aquarelle.

38 — Matelot napolitain transportant une jeune fille dans sa chaloupe. Aquarelle.

WAILLY (M. de).

39 — Les Colonnes de baldaquin dans l'église de Saint-Pierre-de-Rome. Deux dessins lavés au bistre.

40 — Grand panneau d'arabesque. Dessin lavé au bistre.

41 — Vue de la chaire à prêcher dans l'église de Saint-Sulpice à Paris. Beau dessin colorié, 1789.

42 — Restauration du palais Dioclétien. — Plan et coupe d'un projet de palais national. Trois dessins par M. de Wailly.

43 — Sept grands panneaux arabesques à l'aquarelle, faits pour servir de décorations à la loge de mademoiselle Contat, actrice de la Comédie française.

44 — Grand plan et projet d'assainissement, d'embellissement et d'utilité publique, pour Paris, en 1787.

45 — Vue de Monte-Cavale. Gouache.

46 — Vues du théâtre de l'Odéon, façade et intérieur. Deux grands dessins lavés à l'encre de Chine.

47 — Intérieur d'un temple au moment d'un sacrifice.
        Grande aquarelle.
48 — Dessins et plans pour la construction de la salle
        de l'Odéon, en 1782, réunis dans un vol.
        in-12. Maroquin rouge.
49 — Dessins et calques pris sur des monumens an-
        tiques de Rome, un vol. in-fol.
50—Paysages. Trois dessins par MM. de Wailly et Du-
        vivier.

COSWAY.

51 — Quatre-vingt-huit dessins à la pierre d'Italie,
        faits d'après les tableaux des diverses écoles,
        qui sont au Musée royal, 1 vol. pet. in-fol.

NICOLLE.

52 — Vue du Forum; Vue du Colysée; Vue de la
        place et de l'église de Sainte-Marie-du-Peu-
        ple. Trois aquarelles.

DUCIS (M. Louis).

53 — Intérieur du cabinet de M. Gérard, peintre;
        il est représenté en pied, le dos tourné vers
        une cheminée, il parle à mademoiselle G...,
        assise près de lui. Dessin au crayon, sur
        papier de couleur.

ALBUM DE DESSINS.

54 — L'arc de Titus. Sépia par M. F. Duban, archi-
        tecte, 1828. — Socrate et Alcibiade. Sépia

par M. Larivière, 1825. — Temple de Vesta. Sépia par M. A. Villain, *Rome*, 1826. — Borée enlevant Orythie. Dessin au crayon par M. Lemaire, 1826. — Arc de Constantin. Sépia par M. Blouet, *Rome*, 1826. — Scène Italienne. Sépia par M. Bouchot, 1826. — Terracine. Sépia par M. Rollin. — Nymphe et Faune. Sépia par M. A. Debay. — Vue à Nomento près Rome. Aquarelle signé N.-B., *Rome*, 1829. — Têtes de Turcs. Dessin aux trois crayons, par Girodet. — Balayeur en demi-solde. Sépia par M. Charlet. — Napoléon et Louis XVIII. Sépia signée P.-L., 1825. — Portrait à la plume du baron Gérard. — Les Adieux. Sépia par M. Court, 1826. — Femme italienne en prière. Sépia par M. Dubois, 1826. — Jeune nymphe. Dessin lavé, par M. Léon Coignet. — Paysage. Aquarelle signée T.-R., 1827. —Vue des bords du Tibre. — Vue de Suisse. Aquarelle par G. Leroy fils. — Pélerin racontant ses voyages à deux jeunes filles. Sépia par M. V. Schnetz. Ces vingt dessins en un vol. in-fol. obl. rel., en vélin.

55 — *Furcrœa gigantea*. Aquarelle par M. Redouté.

56 —Deux jolies miniatures : femmes couchées, genre de Boucher.

57 — Plusieurs tableaux, portraits, seront vendus sous ce numéro.

58 — Deux paysages peints sur cuivre.

59 — On lit au bas la note suivante : Tableau en-
voyé de l'Indostan-Mogol à des savans de
France, représentant l'empereur Mogol Au-
rengzeb et sa cour : ce prince, célèbre en
Asie, fut le troisième fils du Grand-Mogol
Shah-Jeha; il s'empara du trône du vivant
de son père, se fit proclamer empereur dans
une assemblée générale de la nation le 20
octobre 1660, et mourut à l'âge de quarante
ans 1788. Tout est portrait dans ce tableau
précieux, reçu en France il y a près d'un
siècle.

60 — Vue de la cour du Louvre. Dessin colorié et de
forme ronde.

61 — Deux gouaches napolitaine : Éruption du Vésuve en 1794 et 1822.

61 — Vue du port du Havre. Dessin lavé à l'encre de
Chine, par Cochin.

63 — Vues d'Italie. Trois gouaches italiennes.

64 — Divers dessins encadrés et en feuilles, dont
plusieurs par M. de Wailly seront vendus
sous ce numéro.

ESTAMPES ENCADRÉES ET EN FEUILLES.

65 — Les batailles d'Alexandre, d'après Lebrun, par
G. Audran et Edelinck, anciennes épreuves.
Cinq très grandes estampes encadrées.

66 — Bélisaire et Homère, d'après Gérard, par

MM. Desnoyer et Massard. Deux estampes
anciennes épreuves.

67 — Ossian, d'après Gérard, par M. Godefroy. —
L'Innocence, d'après Mérimée, par Bervic,
épreuve avant la lettre.

68 — Soirée chez madame de Géoffrin, d'après M. Le-
monier par M. Jazet.

69 — La Vierge, dite la Belle Jardinière, d'après Ra-
phaël, par M. Desnoyers. Ancienne épreuve.

70 — Treize pièces faisant partie du Musée français,
dont Laocoon, par Bervic.

71 — Plan de Rome, par Vasi, en douze feuilles col-
lées sur toile.

72 — Deux vues de Saint-Pierre de Rome, par Vasi.

73 — Le Mariage et le Baptême, scènes suisses. Deux
traits coloriés.

74 — Plusieurs estampes et lithographies encadrées,
seront vendues sous ce numéro.

75 — Plusieurs portefeuilles contenant un grand
nombre d'estampes de la galerie de Versailles, de l'ancienne société des Amis des
Arts, fondée par M. de Wailly; des Ports de
France, compositions de Beaudoin, Mlle Gérard et autres maîtres du 18ᵉ siècle. Cet article sera divisé.

76 — Bas-reliefs antiques, gravés par Perier, un Vi-
gnole, et un vol. rempli d'estampes diverses,
ornemens de Lepautre, etc. Cet article sera
divisé.

77 — Le Temple de Salomon, gravé en 1766 ; Palais
céleste, Reposoir de Versailles, le Déluge,
Enlèvement d'un ballon, Vue de la place de
Bruxelles et treize planches d'ornemens,
vases, etc., vingt-deux cuivres. Cet article
sera divisé.

CURIOSITÉS.

**MARBRES, BRONZES, TERRES CUITES, MOSAIQUES, PORCE-
LAINES, IVOIRES, BOIS SCULPTÉS, MÉDAILLES, BIJOUX,
MEUBLES ET AUTRES OBJETS DIVERS.**

MARBRES.

78 — Deux coupes en porphyre rouge oriental, montées en forme de trépied et portées sur un
socle en porphyre vert.

79 — Un demi-vase en bronze forme Médicis, sujet
bas-relief de jeunes enfans pressant des grap-
pes de raisin, porté sur un demi-socle en
porphyre rouge oriental.

80 — Un socle en marbre blanc orné de plaques en

porphyre rouge oriental, avec médaillons en bronze.

81 — Deux gaînes en granit rose oriental avec socle et couronnement en griotte d'Italie.

82 — Un socle rond en porphyre rouge oriental.

83 — Deux socles ronds en porphyre rouge oriental, avec soubassement en jaune antique.

84 — Un socle en porphyre rouge oriental avec base en jaune antique et socle en rouge antique.

BRONZES.

86 — Deux bustes en bronze, Napoléon et Joséphine.

87 — Deux enfans en bronze avec les attributs de Bacchus et un petit Faune (anciens bronzes.)

88 — Une bague chevalière, bronze antique, avec exergue, *militum fides*, sur socle en rouge antique.

MOSAIQUES, TERRES CUITES, ETC.

89 — Une mosaïque Florence, représentant un oiseau, un papillon et un gland.

90 — Deux médaillons ovales contenant deux mosaïques Florence, la coupe aux colombes et aux papillons.

91 — Une mosaïque représentant deux chiens.

92 — Une mosaïque de deux pigeons.

93 — Un buste en terre cuite par Pajon.

94 — Deux plâtres représentant un nid et un berceau d'enfant.

BIJOUX, PIERRES GRAVÉES ET CAMÉES.

95 — Un sujet ciselé en argent, représentant une des batailles de l'Empereur, avec des attributs de l'Empire et de la victoire.

96 — Une lampe argent romain, à quatre becs, avec mouchettes, éteignoir et pince.

97 — Trois paniers, deux porte-tasses d'argent en filigrane.

98 — Un camée sur pierre dure, représentant une tête de jeune fille avec un bandeau dans les cheveux.

99 — Un camée sur coquille, représentant une tête de nègre, une tête de femme et une tête de guerrier.

100 — Un camée sardoine, à deux couches, représentant une offrande à Jupiter, composé de quatre figures, une statue, un trépied.

101 — Une sardoine gravée en creux, tête de femme.

102 — Deux bracelets en lave.

103 — Un anneau composé de 36 petits brillans.

104 — Une chevalière en or, pierre onyx à deux couches, creux, tête de vieillard.

105 — Une chevalière ornée d'une pierre onyx creux, représentant le Silène.

106 — Deux boutons en or, perle et grenat; trois boutons en cornaline blonde avec roses au milieu, quatre boutons en filigrane d'or, un autre double bouton en filigrane d'or, une chaîne, un anneau.

107 — Deux boucles d'oreilles et pandeloques, provenant des États Romains.

MÉDAILLES ET SOUFFRES.

108 — Huit boîtes contenant des souffres, ou empreintes de pierres gravées et camées.

109 — Une médaille en or à l'effigie de Napoléon, le sénat et le peuple.

110 — Une boîte chinoise formant médaillier, contenant un grand nombre de pâtes en creux.

111 — Six médailles en bronze, presque toutes du temps de l'Empire, avec un lot de médailles antiques.

112 — Cinq médailles en argent, dont une au nom de Fourcroy, et les quatre autres à l'effigie de l'Empereur.

113 — Trente-deux médailles en argent, divers modules.

IVOIRES ET BOIS SCULPTÉS,

114 — Deux médaillons, sculpture en bois, l'un un Amour dessinant un portrait, l'autre Attributs des arts.

115 — Cinq panneaux en ébène sculptée, représentant divers sujets, dont le Départ d'Adonis, Moïse frappant le rocher, Moïse sauvé des eaux, la reine de Saba.

116 — Un bas-relief en bois, avec cadre en bois noirci, contenant neuf figures gothiques.

117 — Un ivoire représentant un enfant couché sur un socle en marbre noir.

PORCELAINES.

118 — Un sucrier et son plateau, Saxe, montés en cuivre
    doré.

119 — Deux vases Chine, forme allongée, fond bleu,
    avec dessin bleu et or.

120 — Un vase en porcelaine de Chine, en forme octo-
    gone, avec figures chinoises sur un fond blanc
    (fracturé), monté en cuivre.

121 — Un plat de Bernard de Palizzi, avec écussons et
    mascarons ; une soucoupe, terre rose.

122 — Une tasse de l'Inde, deux pièces en agate, deux
    paniers de l'Inde. Cet article sera divisé.

123 — Un cabaret en porcelaine, forme ovaire, à médail-
    lons, composé d'un sucrier, une théière,
    quatre tasses.

124 — Un plateau, un sucrier, deux tasses, en porce-
    laine Chantilly.

125 — Deux tasses et soucoupes, Chine, à festons.

126 — Deux tasses plure d'ognon, avec figure et orne-
    mens dorés, dont une soucoupe cassée.

127 — Quatre tasses de Chine, fond blanc à dessins
    représentant des jeux d'enfans.

128 — Deux tasses, trois soucoupes, et deux tasses,
    Chine.

129 — Une tasse, soucoupe Chine, canelée; et une tasse
    Chantilly, octogone.

130 — Quatre tasses et soucoupes en diverses porce-
    laines, dont une Sèvres moderne, un gobelet
    et soucoupe à médaillons modernes.

131 — Un tête-à-tête en porcelaine de la Reine, fond

blanc, composé d'un plateau, deux tasses, un sucrier, un pot au lait.

132 — Sept camées en porcelaine de Sèvres, reliefs en blanc sur un fond bleu.

133 — Une pipe en porcelaine, une tasse en terre, imitation d'étrusque.

134 — Deux vases forme allongée, porcelaine de Chine, fond bleu avec fleurs, à médaillons et compartimens fond blanc.

135 — Deux grands vases céladon, fond vert, orné de fleurs, avec médaillon représentant un intérieur chinois et une marche d'un grand personnage.

136 — Deux caisses, Chine, fond blanc, montées en bronze doré.

137 — Deux seaux porcelaine du Japon, à tête de chimère, fond blanc, à dessins d'oiseaux et fleurs.

138 — 120 Assiettes, Chine, diverses formes et divers dessins. (Cet article sera divisé).

139 — Trois plats creux, Chine.

140 — Deux vases ronds, fond blanc, avec fleurs rouges, bleues et or, têtes de chimères rehaussées de bleu ; treize compotiers diverses formes, deux octogones. Cet article sera divisé.

141 — Un plat long, octogone ; seize plats ronds, diverses formes, en porcelaine de Chine et Japon. (Cet article sera divisé.)

142 — Une coupe, forme étrusque, en porcelaine de Sèvres moderne.

143 — Deux vases, Chine, forme ovoïde.

144 — Cinq grandes tasses, Chine, avec personnages et fleurs.

145 — Trente et une tasses et soucoupes, une saucière et
plateau, Chine, diverses formes. Cet article
sera divisé.

146 — Un vase octogone, une petite écuelle, son couvercle et son plateau, quatre tasses et trois
soucoupes, deux porte-salière, porcelaine
Saxe et de Chantilly.

147 — Une écuelle et couvercle, Chine; deux bols en
Chine.

148 — Une cafetière, Chine, fond blanc, avec médaillons en forme de cœur.

149 — Un pot à eau et cuvette en porcelaine de
Saxe, fond jaune, à médaillons; la cuvette
fêlée.

150 — Deux vases forme cornet, porcelaine de Chine,
fond blanc, avec ornemens en saillie et en
couleur, avec cercles en cuivre doré, et socle
en marbre portor.

151 — Deux vases céladon, fond vert, avec reliefs en
or, montés sur socle jaune antique.

152 — Deux compotiers, porcelaine Chine, contenant
divers fruits en marbre et verre.

OBJETS DIVERS.

153 — Un plat à barbe en coco, sculpté aux chiffres
P. V. Trois morceaux de coco et une poi-
vrière en coco.

154 — Une boîte à thé en pierres de larre.

155 — Une boîte en nacre, deux porte-crayon et lot
de petites coquilles.

156 — Une boîte en écaille piquée en or, et une autre
en écaille en mauvais état.

157 — Sept chapelets en lave du Vésuve.

158 — Sept vases antiques en terre très commune.

159 — Une théière Boucoro avec reliefs émaillés.

160 — Une cafetière lave.

161 — Une écritoire, un vase, une boîte à tabac en
lave.

162 — Trois lampes antiques, quatre fragmens de figures égyptiennes en terre antique.

163 — Une miniature ancienne dans un cadre ovale,
posé sur une plaque d'écaille.

164 — Une boîte ronde en laque rouge de Chine.

165 — Deux volumes formant boîtes, contenant les grai-
nes, des fruits, et copeaux du sapin.

166 — Une collection d'objets suisses, composés d'une
maison, d'un châlet, un buron, un sucrier,
trois cuillères, trois fourchettes en bois de
mélaise sculptées, un chariot, un pot au lait,
un costume de paysanne de Bâle.

167 — Trois couteaux, un style de la Renaissance; deux
à manche de jaspe et d'agate, et un à manche rond en jaspe sanguin.

168 — Deux cartons contenant des étoffes d'Haïti et
des linges ayant enveloppés des momies d'É-
gypte.

169 — Une branche en corail.

170 — Six presse-papier, jaune antique ; une lire en
albâtre oriental, un cachet cristal enfumé,
un morceau de glace, et une coupe dorée.
Cet article sera divisé.

171 — Un soulier aux armes de Louis XV, qui fut porté
par lui le jour de son baptême.

172 — Un coffre en velours, garni de bronze doré.

173 — Deux bouquets en fleurs à coquille.

174 — Deux trépieds en bronze et en cuivre doré sur-
montés de coupes en marbre jaune.

175 — Deux écrans calque.

MEUBLES.

176 — Un coffre en ébène avec serrure, encoignures
en argent.

177 — Un cabinet, laque noir commun

178 — Un paravent bois doré et taffetas flambé.

179 — Une table à thé, acajou, pieds à chimère et à
dessus de mosaïque en laves, avec entourage
en bronze doré.

180 — Un meuble de salon, bois doré, style de Louis
XV, couvert en gourgouran rayé vert, ca-
napé, six fauteuils.

181 — Un bas de bibliothèque en acajou, deux van-
taux vitrés, dessus de marbre brèche.

182 — Un corps de tiroir en laque burgauté.

183 — Un pupitre laque moderne, avec buvart en ma-
roquin, avec reliefs dorés, sujet gothique.

184 — Un coffret, dit cabinet, en laque Chine, avec in-
crustations en burgau, charnières et encoignures en bronze.

185 — Un coffret, forme arrondie, en laque burgauté.

186 — Un bas de bibliothèque surmontée d'une table,
composée d'échantillons de pierres dures :
telles que labrador, lapis lazuli, jaspe
fleuri, etc.

187 — Un corps de tablettes en acajou, surmonté d'un
marbre en brèche violette.

188 — Une pendule ancienne, en marqueterie de
Boule, écaille et cuivre, à quatre faces, avec
baromètre, surmontée d'une Renommée ; les
quatre pieds forme de toupie, et ornés de
deux sphinx et d'un bas-relief représentant
le char d'Apollon.

BIBLIOTHÈQUE.

THÉOLOGIE, SCIENCES ET ARTS, BELLES-LETTRES ET HISTOIRE.

ÉCRITURE SAINTE.

189 — La Bible, traduction de la Vulgate, par le Maître de Sacy, *Paris*, 1824 à 1835, 3 vol. gr.
in-8, fig.

190 — Histoire du Nouveau et de l'Ancien Testament,
par le Maître de Sacy, *Paris*, Curmer, 1835,
gr. in-8, fig., demi-rel.

191 — Les Saints Évangiles, *Paris*, Curmer, 1836, 2
vol. gr. in-8, demi-rel., fig.

192 — Imitation de Jésus-Christ, *Paris*, Curmer, 1836,
in-8, demi-rel., fig. de Tony Johannot et
Cuvelier.

193 — Les Fleurs des vies des saints des fêtes de toute

l'année, par R. P. Ribaudeneira, *Paris*
Cabry, 1687, in-fol. mar. r., riche dessin.

SCIENCES ET ARTS.

PHILOSOPHIE, MORALE, CHIMIE, HISTOIRE NATURELLE, PHYSIQUE, MÉDECINE.

194 — OEuvres d'Helvétius, *Paris*, Servières, 1792,
    5 vol. in-8., v. jaspé.

195 — Essais de Montaigne, *Paris*, Froment, 1815,
    8 vol. in-12, demi-rel.

196 — La Morale universelle, ou les Devoirs de l'homme
    fondé par la nature, par de Fourcroy, *Paris*,
    l'an VI, 3 vol. in-8 , basane.

197 — Lettres de M. Euler à une princesse d'Allemagne,
    sur différentes questions physiques et philo-
    sophiques, *Paris*, 1787, 3 vol. in-8, v.

198 — Aphorismes de Mesmer, *Paris*, 1785, in-8,
    demi-rel.

199 — Système des connaissances chimiques, par M. de
    Fourcroy, *Paris*, 1801, 6 vol. in-4, mar.
    rouge, dentelle, tr. dor.

200 — Encyclopédie méthodique, Chimie, par de Four-
    croy, Pankouke, 1786 à 1808, 6 vol. in-4,
    demi-rel.

201 — Entomologia parisiensis de Fourcroy, *Paris*,
    1785, 2 vol. in-12, v.

202 — Élémens d'histoire naturelle et de chimie, par

M. de Fourcroy, médecin , *Paris*, Cuchet ,
1791, 5 vol. in-8, v.

203 — Philosophie chimique, ou Vérités fondamentales
de la chimie moderne, par de Fourcroy, *Pa-*
ris, Levrault, 1806, in-8, m. r. tr. d.

204 — Médecine éclairée par les sciences physiques,
rédigée par de Fourcroy, *Paris* , 1791,
4 vol. v.

205 — Principes de chimie, par de Fourcroy, 1788 ,
2 vol. in-18. — La traduction du même ouvrage en italien.

206 — Tableau synoptique de chimie , par de Fourcroy,
Paris, Patris, 1805, in-fol., cart.

207 — Mémoire et observation chimique , par de Fourcroy, *Paris*, Cuchet, 1784, in-8.

208 — Mémoire sur la société royale d'agriculture et
du commerce de Caen , *Caen*, Poisson, 1827,
2 vol. in-8, br.

209 — OEuvres de Buffon, édition revue par M. Ri-
chard , *Paris*, Pourrat, 1825, 22 vol. in-8 ,
fig. coloriées, demi-rel., dont , Théorie de
la terre, 1 vol.; Histoire de l'homme et des
animaux, 7 vol.; Minéraux et végétaux ,
6 vol.; Mammifères, 1 vol.; Oiseaux, 7 vol.,
dont un entièrement de planches.

210 — Mémoires pour servir à l'histoire des insectes,
par M. de Réaumur, *Paris*, de l'imprimerie
royale, 1734 à 1752, 6 vol. in-4, fig.,
v. r. fil.

211 — Les Lilliacées, par P.-J. Redouté , *Paris*, l'auteur, 1802 à 1816, 8 vol. gr. in-fol. demi-
rel., pap. vél.; fig. coloriées.

212 — La Botanique de J.-J. Rousseau , orné de 65

planches, par Redouté, *Paris*, de la Chaus-
sée, 1805, gr. in-fol., pap. vél. br.

213 — Dictionnaire de médecine usuelle, par M. Baude,
Paris, 1837, in-4, 1er vol. complet et du 2^e
vol. jusqu'à la page 102.

214 — Essai sur la maladie des artisans, traduit du la-
tin de Ramazzini, *Paris*, Moutard, 1777,
in-8. — Les enfans élevés dans l'ordre de la
nature, ou Histoire des enfans du premier
âge, par de Fourcroy, *Paris*, 1783, in-18.

BEAUX-ARTS.

215 — Dictionnaire des beaux-arts, par La Combe, *Paris*, Hérissant, in-8.

216 — Description du Musée Bourbon, à Naples, 3 vol.
in-8, br.

217 — Herculanum et Pompéi, recueil général des
peintures, bronze et mosaïque découvertes
jusqu'à nos jours, par H. Roux et Bouchet,
55 liv. in-8, fig.

218 — Musée des monumens français, par Lenoir, *Paris*, 1800-1805, 5 vol. — Peintures sur
verre, du même, *Paris*, 1803. — Recueil de
portraits, du même, 7 vol. in-8, cart.

219 — Les OEuvres de Flaxman, l'Iliade et l'Odyssée
d'Homère, les Tragédies d'Eschyle et la
Théogonie d'Hésiode, la Divine comédie du
Dante, sept parties lithographiées, *Paris*,
Feuillet, 1 vol. in-fol. obl., demi-rel.

220 — Collection des têtes du tableau de la cène de
Léonard de Vinci, gravées à la manière du
crayon, *Paris*, 1808, gr. in-fol., demi-rel.

221 — Annales du Musée, par Landon, *Paris*, 1801-10,
15 vol. in-8, cart.

222 — Galerie de Dusseldorff, par Chrétien Mechel,
Bâle, 1778, 2 vol. in-fol. obl. cart.

223 — Chefs-d'œuvre de l'école française, 2ᵉ édit., des
prix décennaux, *Paris*, Audot, 1829, in-fol.,
30 pl.

224 — Vingt-neuf pièces gravées, d'après Ant. Wat-
teau, réunies en 1 vol. in-fol. obl., cart.

225 — Albums lithographiques, publiés par madame
Delpech, en 1831, 1832, 1833, 3 vol. in-fol.,
demi-rel. Cet article sera divisé.

226 — Soixante-dix pièces lithographiées, par M. Ho-
race Vernet, et publiées par madame Delpech, épreuves de choix, tirées sur papier de
couleur et rehaussées de blanc : plusieurs de
ces pièces devenues très-rares, 1 vol. in-fol.,
demi-rel.

227 — Caricatures diverses en noirs et en couleurs,
1 vol in-4, demi-rel.

228 — Caricatures politiques, publiées en 1831 et années suivantes, 1 vol. in-4, demi-rel.

229 — Plan figuratif des barricades, en 1830, in-fol.
broché.

230 — Les Rêves, par Bouchot, *Paris*, Delpech, in-fol.,
fig. color. cart.

231 — Contes de Perrault, par H. Comte, 1 vol, in fol.,
fig. color. br.

232 — Promenades dans Paris, en janvier 1830, par
Adam, in-fol. br.

233 — Musée de la caricature, ou Recueil de caricatures, publiées en France, depuis le XVᵉ siècle jusqu'à nos jours, par Jaime, avec un

texte historique et descriptif, par divers auteurs, *Paris*, Delloye, 1838, 2 vol. in-4, demi-
rel.

234 — Album lithographique, par A. Deveria, *Paris*,
Motte, 1829, in-4 obl., demi-rel.

235 — Divers sujets dessinés sur pierre, par Grenier.
— Album des Petits Amis, par Francis, 2 cahiers in-4 obl., cart.

236 — Le Rêve, ou les effets du romantisme, par Thomas, *Paris*, 1829, 6 planches coloriées. —
Flore des salons, 7 planches coloriées, deux
cahiers in-4, cart.

237 — Scènes militaires, enfans, etc., 26 pièces lithographiées, par M. Charlet, 1 vol. gr. in-4,
obl., demi-rel.

238 — Les Métamorphoses du jour, par Granville, *Paris*, Bulla, 1829, 71 planc. color.

239 — La Métempsycose réalisée, par Granville, les
félicités et petites misères humaines, par
H. Monnier. — Voyage pour l'éternité, par
Granville, 2 cahiers obl., cart.

240 — La Caricature, journal fondé et rédigé par Phi-
lipon, 4 novembre 1830 au 27 août 1835,
9 vol. gr. in-4, 251 num. avec 524 lithographies.

241 — Recueil d'animaux lithographiés, par N. Fielding, *Paris*, madame Delpech, in-4, obl.
cart., 24 planch. color.

COSTUMES.

242 — Costumes de la monarchie française depuis 1200
à 1820. Trois cent quatre-vingts costumés

lithographiés par M. H^{te} Lecomte, 4 vol. in-4, demi-rel., pl. coloriées.

243 — Dames de la cour, des XIIe au XVIe siècle, litho-graphiées par MM. Belliard, Sudré, Bazin, etc., *Paris*, Mme Delpech, 31 pl. col., un vol. in fol., demi-rel.

244 — Costumes grecs, par Dupré, in-fol., fig. coloriées livraisons 1 à 6.

245 — *Il meo pattaca...* Costumes et scènes de Rome dessinés sur les lieux et gravées à l'eau-forte, par B. Pinelli, in-fol. obl., demi-rel.

246 — Costumes et scènes divers de Rome, 25 pl. des-sinées et gravées à l'eau-forte, par Pinelli, in-fol., demi-rel.

247 — Vingt costumes italiens, dessinés et lithographiés par M. Rémond, in-fol., demi-rel., fig. col.

248 — Costumes suisses par Lory et Moritz, publiés à Neufchâtel, in-4, fig. coloriées.

249 — Tableaux des habillemens, mœurs et coutumes des Hollandais au XVIIIe siècle, in-4, demi-rel., fig. coloriées.

250 — Costumes de Bordeaux, par Gallard, in-4°, fig. coloriées.

251 — Cris de Paris, dessinés d'après nature par C. Vernet, Paris, Delpech, gr. in-4, demi-rel., 100 pl. coloriées.

252 — Les quartiers de Paris, par H. Monnier, 6 pl. col. — Esquisse parisiennes et boutades, par le même, 18 pl. col. — Jadis et aujourd'hui, du même, 10 pl. col. — Mœurs administra-tives, du même, 18 pl. col. — Les passe-

temps, 6 pl., cinq cahiers in-4° obl., cart.,
publiés par Mme Delpech, de 1827 à 1829.
Cet article sera divisé.

253 — Les grisettes, galerie théâtrale, par H. Monnier,
cahier in-4 obl., cart. 55 pl. col.

BELLES LETTRES.

**DICTIONNAIRES , LITTÉRATEURS , POÈTES ANCIENS ET
MODERNES , ROMANCIERS , AUTEURS DRAMATIQUES, PO-
LIGRAPHES, ETC.**

254 — Dictionnaire des proverbes français, par de la
Mesengère, *Paris,* Treuttel et Würtz, 1821.
— Nouveaux proverbes, par Théodore Le-
clerc, *Paris,* A. 1830. — Le bonnet vert, par
J. Méry, *Paris,* 1830. 3 vol. in-8, br.

255 — Dictionnaire satirique et critique, par P.-J. Le-
roux, *Amsterdam,* 1787. 2 vol. in-8, demi-
reliure.

256 — Dictionnaire des origines, par Noël et Carpen-
tier, *Paris,* Janet et Cotelle, 1827, 2 volum.,
demi-rel.

257 — Dictionnaire des synonymes français, par Timo-
thée de Livoy, *Paris,* 1828, in-12, demi-rel.

258 — Dictionnaire des dictionnaires, par Napoléon
Landais, *Paris,* 1836, 2 vol. grand in-4,
demi-rel.

259 — Quatorze volumes en langue italienne, Vocabu-
laire, Grammaire, Dictionnaire italien et
français, par Alberti., etc, etc.

260 — L'Orlando furioso con annotazioni di l'Ariosti, *Firenze*, Molini, 1821, 4 vol. in-8, reliure en vélin.

261 — Il decamerone di M. Giovanni Boccaccio, *Londra*, 1757, 5 vol. in-8, fig. d'Eisen et Gravelot, veau écaille, fil. tr. dor.

262 — La Jerusalemme liberata di Torquato Tasso, in Parigi, 1777, 2 vol. in-8, v. éc., tr. dor.

263 — Aminta favola Boschereccia de Torquato Tasso... Bodoniani, 1796, in-8, v. r. tr. dor.

264 — Novelle di G. B. Casti, *Parigi*, Baudry, 1821, 4 vol. in-8. br. — Gli Animali in ventisei canti di G. B. Casti, in *Parigi*, Baudry, 1820, in-8.

265 — Les Animaux parlans, par J.-B. Casti, traduit de L. Maréchal, *Paris*, Brissot Thivars, 1819, 2 vol. in-8, cart.

266 — Collezione completa delle commedia, di Carlo Goldoni Prato, per I. F. Giathelti. 1819-1821, 30 vol. in-8, br.

267 — Quatorze volumes in-8 et in-12., divers ouvrages en langue italienne, Boccaccio, 1750. — Le Vicaire de Wacfield, 1810.—Lettre d'une Péruvienne, 1817. — Elisabeth de madame Cottin, 1824, etc., etc.

268 — Traduction complète des poésies de Catulle, suivie des poésies de Gallus, par F. Noël, *Paris*, Leger, 1803, fig. d'ap. Girodet, quatre différentes épreuves avant l. l. sur satin, sur papier rose et l'eau-forte, 2 vol. in-8, mar. r., tr. dor., dent. doublé de tabis.

269 — Les Bucoliques de Virgile, traduits en vers fran-

çais, par F. Didot, *Paris*, l'auteur, 1806,
in-8, v. à grain, tr. dor.

270 — L'Odysée d'Homère, traduite en vers, par de Ro-
chefort, *Paris*, Brunet, 1757, 2 vol. in-8, v.
r., portrait de Saint-Aubin.

271 — Les fastes d'Ovide, traduction en vers, par de
Saint-Ange, *Paris*, Levrault, 1804, 2 vol.
gr. in-8, cart.

272 — Métamorphoses d'Ovide, traduction de Dubois
Fontanelle, *Paris*, Duprat, 1782, fig. 4, vol.
in-8, cart.

273 — Satire de Pétronne, par M. de Boisprécieux, *La
Haye*, 1782, 2 vol. in-12, mar. v., tr. dor.

274 — OEuvres de Rabelais, *Paris*, Bastien, 1783, 2 vol.
in-8, v. r.

275 — OEuvres de Clément Marot, *La Haye*, Gosse,
1731, 6 vol. in-12, mar. bleu, tr. dor.

276 — Les Comédies de Térence *Edimbourg*, Hamilton,
1758, en anglais, in-8, mar. r., dent., tr.
dor., doublé de tabis.

277 — Les Comédies de Térence, *Amsterdam*, 1734,
3 vol. in-8, mar. s. tr. dor.

278 — La Mort de Henri IV, tragédie de G. Gouvé
Paris, A. Renouard, 1806, in-8, mar. r., tr.
dor., doublé de tabis. — L'esprit de Henri
IV, *Paris*, Prault, 1770, 1 vol. in-8. mar. r.,
tr. dor.

279 — OEuvres de Racine, avec commentaire de la
Harpe, *Paris*, Agasse, 1807, 7 vol. in-8,
cart.

280 — Fables de La Fontaine, édition illustrée par

Granville, *Paris*, Fournier, 1838, 2 vol. in-8, fig. en bois, demi-rel.

281 — Contes et nouvelles en vers, par de La Fontaine, *Amsterdam*, Henri des Bordes, 1685, 2 vol., fig. de Romyn de Hooge, mar. r., tr. dorée, fil., ancienne rel.

281 — OEuvres de Molière, précédée d'une notice sur sa vie et ses ouvrages, par de Sainte-Beaume, *Paris*, Paulin, 1836, 2 vol. grand in-8, demi-rel., fig. en bois.

281 bis. — Paul et Virginie de Bernardin-de-Saint-Pierre, *Paris*, Curmer, 1838, 1 vol. grand in-8, demi-rel., fig.

282 — Mémoires pour servir à l'histoire de notre littérature depuis François Ier jusqu'à nos jours, par Palissot, *Paris*, Gérard, 2 vol. grand in-8., cart.

283 — Mélange de littérature et philosophie du XVIIIe siècle, par l'abbé Morellet, *Paris*, Ve Lepetit, 1818, 4 vol in-8. demi-rel.

284 — OEuvres complètes de Voltaire, 1784 à 1789, 70 vol. grand in-8. demi-rel., fig. de Moreau le jeune.

285 — OEuvres complètes de Jean-Jacques Rousseau, *Paris*, Defer de Maisonneuve, 1793, 18 vol. in-fol., pap. vel., fig.

286 — OEuvres complètes de J.-J. Rousseau , *Paris*, Furne, 4 vol. grand in-8., demi-rel.

287 — OEuvres complètes de L. Sterne, nouvelle édition, avec 16 vign. *Paris*, Bastien, 1803, 6 vol. in-8, demi-rel.

288 — Histoire de Gilblas de Santillane, par Lesage,
Paris, Paulin, 1835, grand in-8, figures,
demi-rel.

289 — OEuvres de Vadé, *Paris*, Duchesne, 1758, 4 vol.
in-8, v. éc. portrait de Fiquet au 1ᵉʳ vol.

290 — Fables et Nouvelles en vers, par A. Jolliveau,
Paris, Collin, 1807, 1 vol. in-16, mar. rouge,
tr. dor.

291 — Amours de Théagène et Chariclée, *Genève*,
1782, 2 vol. in-12, mar. r.

292 — Acajou et Zirphile, conte, *à Minutie*, 1744, gr.
in-8, fig. de Boucher, rel. en veau.

293 — Don Quichotte de la Manche, par Cervantes,
traduit et annoté par L. Viardot, *Paris*,
Dubochet, 1837, 2 vol. in-8, figures en bois,
demi-rel.

294 — L'Imagination, poëme, par Delille.—Le Paradis
perdu, du même, *Paris*, Giguet et Michaud,
1806—1813, 5 vol. in-8, fig., demi-rel.

295 — Les Mille et une Nuits, contes arabes, traduits
par Galland, *Paris*, Pourrat, 1837, 4 vol.
in-8, demi-rel., fig.

296 — OEuvres de Fenimore Cooper, traduites par
Defauconpret, avec des notes, *Paris*, Furne
et Ch. Gosselin, 1835, 14 vol. figures,
demi-rel.

297 — OEuvres complètes de Walter-Scott, *Paris*,
Gosselin, 60 vol. in-8. demi-rel., fig. (Manquent les vol. 44 à 53.)

298 — OEuvres complètes de lord Byron, *Paris*, Ladvocat, 1823, 8 vol. in-8, fig., demi-rel.—

Mémoires de Lord Byron, *Paris*, Mesnier, 1830, 5 vol. in-8., demi-rel.

299 — Tome Jones de Fielding, traduction de M. Defauconpret, *Paris*, Furne, 1836, 2 vol. in-8, demi-rel.

300 — Vie et aventures de Robinson Crusoé, par Daniel de Foë, *Paris*, Borel, 1836, 2 vol. in-8. demi-rel.

301 — OEuvres poétiques de Casimir Delavigne, *Paris*, Furne, 1835, 6 vol. in-8, figures, demi-rel.

302 — Chansons de Béranger, *Paris*, Beaudouin, 1828, 2 vol in-8, fig., demi-rel.

303 — OEuvres complètes de Béranger, ornées de 104 vignettes, *Paris*, Perrotin, 1834, 2 vol. in-8, demi-rel.

304 — Notre-Dame de Paris, par V. Hugo, *Paris*. Gosselin, 1831, 2 vol. in-8, fig., demi-rel.

305 — Amours et galanteries des rois de France, par de Saint-Edme, *Paris*, Amable Coste, 1830, 2 vol. in-8, br.

306 — Contes fantastiques, par Hoffmann, traduit de l'allemand par Loëve Veimars, *Paris*, Renduel, 1830, 12 tomes en 6 vol. in-8, demi-rel.

307 — OEuvres de Mme de Ville-Dieu, *Paris*, Lebreton, 1741, 12 vol. in-12, v. r.

308 — Corinne, ou l'Italie, par Mme de Staël, *Paris*, Nicolle, 1807, 2 vol. in-8, demi-rel.

309 — A. H. Lemonnier. Mélange littéraire, *Paris*, 1820—22. — Mosaïque littéraire, 1838.— Souvenirs d'Italie, 1832. — Pélerinage en

Suisse, 1836, 4 vol. in-8, demi-rel. Les deux
derniers brochés.

310 — Remarques sur quelques ouvrages modernes,
par Mme de Staël-Hostein, *Paris*, Giegler,
1805, in-8, m. r., tr. d.

311 — Physiologie du goût, *Paris*, Sautelet, 1829, 2 vol.
in-8, demi-rel.

HISTOIRE.

GÉOGRAPHIE, VOYAGES DANS LES QUATRE PARTIES DU MONDE, ANTIQUITÉS, HISTOIRE ANCIENNE ET MODERNE, BIOGRAPHIE, ETC.

313 — Abrégé de Géographie universelle, divisé en
deux parties, par Malte-Brun, *Paris*, Furne
et Aimé André, 1838, gr. in-8, demi-rel.

314 — Géographie historique et statistique de la France
et de ses colonies, par Ossude, *Versailles*,
1808, in-8, br.

315 — Voyage autour du monde, fait par ordre du roi,
sur les corvettes l'*Uranie* et la *Physicienne*,
pendant les années 1817 à 1820, par Louis
de Frécynet, *Paris*, Pillet, 1824 et années
suivantes, 8 vol. in-4 et 4 atlas in-fol., formant en tout 348 pl., dont 117 col. L'ouvrage
se divise de la manière suivante : *Zoologie*,
2 vol. in-4 et un atlas de 96 pl. dont 80 col.
— *Botanique*, un vol. in-4 et un atlas in-fol.
de 120 pl. — *Histoire du Voyage*, 3 vol. in-4
avec un atlas de 120 pl. — *Figure du Globe*

terrestre et observation du Pendule, un demi-vol. in-4. — *Magnétisme*, un demi-vol. in-4. *Météorologie*, un demi-vol. in-4. — *Navigation et Hydrographie*, un vol. in-4 en deux parties et atlas de 22 cartes.

316 — Voyage autour du monde par Arago, pendant les années 1817-18-19 et 20, sur les corvettes du roi l'*Uranie* et la *Physicienne*, *Paris*, Leblanc, 1822, 2 vol. in-8 et atlas, demi-rel.

317 — Voyage autour du monde, par Dumont Durville, *Paris* Tenré, 1834-35, 2 vol. gr. in-8, demi-rel., ornés de planches.

318 — Voyage à Méroé, au Fleuve Blanc, par Caillaud, *Paris*, Debure, 1826, 4 vol. in-8 et un atlas, demi-rel.

319 — Voyage aux terres Australes, par Péron, *Paris*, 1807-1816, 2 vol. in-4 et atlas, demi-rel.

320 — Voyage à l'île de France, par Milbert, *Paris*, 1812, 2 vol. in-8 et atlas in-fol., demi-rel.

321 — Voyage à Pékin, par de Guignes, *Paris*, 1808, de l'imprimerie impériale, 3 vol. in-8, demi-rel., et atlas in-fol. cart.

322 — Voyage au royaume d'Ava, traduit par Castera, 3 vol. in-8, demi-rel.

323 — Les Hindous, par Balthazard Solvins, *Paris*, Didot, 1811, 4 vol. in-fol., demi-rel., fig. col.

324 — Voyage dans les deux Amériques, par Alcide d'Orbigny, *Paris*, 1836, gr. in-8, demi-rel.

325 — Expédition en Egypte, *Paris*, Denain, 1830 à 1836, 10 vol. in-8 et 2 vol. in-fol obl. pour l'atlas, demi-rel.

326 — La Terre Sainte et les lieux illustrés par les Apô-
tres, par M. l'abbé Gr†**, *Paris*, Audot,
1837, in-8, demi-rel., fig.

327 — Catalogue raisonné historique des antiquités découvertes en Egypte par M. Passaclaqua,
Paris, l'auteur, 1826, in-8, br.

328 — Guide pittoresque du voyageur en Europe
(France), *Paris*, Didot, 1828, 5 vol. in-8 ornés de 740 vues et 86 cartes, demi-rel.

L'univers, histoire et description de tous
les peuples de la terre, *Paris*, Didot, 1825
(Grèce, Italie et Sicile, 2 vol.; Océanie,
3 vol.; Chine, 1 vol.; Amérique, 2 vol.);
8 vol. in-8, fig., demi-rel., et 94 livraisons
pour divers pays.

329 — Antichità romane, divise in cento tavole, dise-
gnate ed incise da L. Rossini, *Roma*, 1822-
1823, 2 vol. très gr. in-fol., demi-rel.

330 — Le Antichità dei contorni di Roma, ossia le più
rinomate città del Lazio, *Roma*, Poggioli,
1826, in-fol., demi-rel., 73 pl.

331 — Bains de Titus et de Livie, par Ponce, *Paris*,
l'auteur, 1783, in-fol., v. éc., fil., tr. dor.

332 — Restauration des termes de Caracalla, par Blouet,
architecte, *Paris*, Didot, 1828, in-fol. demi-
rel.

333 — Dôme de Milan, *Milan*, 1824, un vol. in-fol., cart.
fig.

334 — Vues de monumens anciens et modernes de Rome,
gravés par Pannini, Pinelli, Cascatelles de
Tivoli par Gmélin, etc., 18 pl. réunies en un
vol. in-fol.

335 — Recueil de 24 vues des places, églises et palais
de la ville de Florence, d'après les dessins de
Zocchi, *Florence*, 1754, gr. in-fol., v. r.

336 — Rome ancienne et Rome moderne, par Pronti,
Rome, 2 tom. en un vol. in-4, br., 170 vues.

337 — Monumens antiques de Rome, par Alaux et le
Sueur, in-fol., demi-rel. On a réuni dans ce
vol. plusieurs autres vues; en tout, 20 pl.
gravées et lithographiées.

338 — Un an à Rome et dans ses environs, dessiné et
publié par Thomas, *Paris*, 1823, in-fol. demi-
rel., 72 pl. col.

339 — L'Italie, la Sicile, les îles Eoliennes, l'île d'Elbe,
de Sardaigne, Malte, l'île de Calypso, etc., re-
cueillis par Audot, *Paris*, l'auteur, 1834 à
1836, 4 vol. gr. in-8, demi-rel., fig.

340 — L'Italie pittoresque, Rome, Naples et la Sicile,
la Savoie, la Toscane, Venise, etc., *Paris*, Amable Coste, 1836, 2 vol. gr. in-8, demi-rel., fig.

341 — Vues de Milan, 11 pl. col., in-4 obl., demi-rel.

342 — Roma antica di famiano nardini di A°. Nibby,
Roma, 1820, 4 vol. in-8, rel. en vélin. —
Viaggio antiquario contorni di Roma di A°.
Nibby, *Roma*, Poggioli, 1819, 2 vol, in-8, rel.
en vél. — Del Foro romano della via sacra...
di A°. Nibby, *Roma*, 1819, in-8. — Le Mura
di Roma... di A°. Nibby, *Roma*, 1820, in-8,
rel. en vél.

343 — Vestiae di Roma antica, Monaldini, 1818. —
Nuava Pianta di Roma moderna, in *Roma*,
Monaldini, 1821, 2 vol. in-8.

344 — Huit jours à Venise, 1823. — Description de la

Chartreuse de Pavie. — Histoire de la cathédrale de Superga. — Manuel du voyageur en Italie, 1817. — Guide de Florence et autres villes de la Toscane, 1823 ; de la cité de Bologne. — Descriptions des peintures du Campo-Santo de Pise, — de Sainte-Marie-des-Anges. — Itinéraire de Rome à Naples, par Vasi. — Plan topographique de la campagne de Rome, par Siekler, 1816. — Cartes de Naples et de Pouzolle. Cet article sera divisé.

345 — L'Italie, par lady Morgan, *Paris*, P. Dufart, 1821, 4 vol. in-8, br.

346 — Vues d'Italie, lithographiées par Rémond, *Paris*, Delpech, un vol. in-fol. demi-rel.

347 — Souvenirs de Naples, par le même, *Paris*, Delpech, in-fol., demi-rel.

348 — Vues de Venise, dessinées sur pierre par Rouargue, *Paris*, Delpech, 20 pl. sur papier de Chine, in-fol., demi-rel.

348 bis — Souvenirs de la Suisse, par Lory fils, in-fol., 36 pl. col.

349 — Voyage pittoresque dans l'Oberland Bernois, 1822, in-fol., demi-rel., 24 pl. col.

350 — Souvenirs de la vallée de Chamouny, par Birman, in-fol., demi-rel., fig. sur pap. de Chine.

351 — Souvenirs pittoresques des glaciers de Chamouny, ornés de 18 dessins col., *Genève*, Charton, in-4 obl.

352 — Genève, 6 vues col., *Genève*, Charton, in-fol. obl.

353 — Suisse pittoresque et ses environs, par A. Mar-

tin, *Paris*, H. Souverain, 1825, gr. in-8, fig.,
demi-rel.

354 — Switzerland, etc. La Suisse pittoresque, ornée
de vues dessinées spécialement pour cet ouvrage par W.-H. Bartlett, et d'un texte par
W. Beattie, *Londres*, G. Vertue, 1836, 2 vol.
in-8, demi-rel.

355 — Manuel du voyageur en Suisse, par Ebel, *Zurich*,
1807; — Guide du voyageur sur le mont
Rhigi; — Lucerne et ses environs, par Bu-
singer, 1821, — 6 vol. in-8, fig. et cartes.

358 — Panorama de Lausanne, carte générale de la
Suisse en 19 feuilles, *Zurich*, 1822, et diverses
autres cartes, etc.

359 — Vues prises dans les principaux cantons de la
Suisse, par Schilbach et autres, 15 planch.
color., in-fol. obl., demi-rel.

360 — Album pittoresque et descriptif de la Suisse, du
Tyrol et de la Savoie, par le vicomte Alcide
Forestier, *Paris*, 1838, Delloye, 66 liv., fig.,
formant 2 vol in-8.

361 — Lettre sur la Suisse, écrite en 1819-20-21, par
M. Raoul-Rochette, *Paris*, Nepveu, 1823, 2
vol. in-8, br.

362 — Histoire et description des principales villes
de l'Europe, par Nisard, *Paris*, Desenne,
1835, 1 vol. grand in-8, fig., demi-rel.

363 — Un vol. in-folio contenant des plans et vues de
divers lieux et villes d'Italie, de Suisse et du
Midi de la France, 40 planch.

364 — L'Allemagne pittoresque, Heideloff, 1838, 17
liv. in-8, fig.

365 — Heidelberg, Engelman, 2 cahiers obl., cart. —Le

Rhin, depuis Coblentz jusqu'à Cologne, par
Roux. —Manuel du voyageur sur le Rhin, etc.

366 — Vues de la Hollande et de la Belgique, dessinées
par Bartlett, *Londres*, Vertue, gr. in-8, demi-
rel., fig.

367 — Voyage pittoresque en Espagne, par le comte
Alexandre de la Borde, *Paris*, Didot, 1807,
fig. 4 vol. gr. in-fol., demi-rel.

368 — Antiquités nationales, par Millin, *Paris*, 1790,
5 vol. in-4, demi-rel., fig.

369 — Monumens antiques du midi de la France, par
Grangent, in-fol. br.

370 — Monumens de Nîmes, par de Seynes, *Paris*,
1818, in-fol., demi-rel.

371 — Architecture du moyen âge, *Paris*, Weit et Hau-
ser. in-fol., demi-rel., pl. lith.

372 — Mosaïques de Lyon et des départemens méri-
dionaux de la France, accompagnées d'ex-
plications, publiées par Artaud, *Paris*, Debure et Didot l'aîné, 1824, gr. in-fol., 50
planches.

373 — Monumens romains et gothiques de Vienne en
France, dessinés et publiés par Rey, et suivi
d'un texte historique par Vietty, *Paris*, Didot,
1831, trois parties en 3 vol. gr. in-fol, demi-
rel.

374 — Histoire de la ville d'Autun, par J. Rosny, *Autun*, de Jussieu, 1802, in-4, br.

375 — Histoire des antiquités de Nîmes, par Menard,
1826, in-8, br.

376 — Antiquités Anglo-Normandes, par de Ducarel,
traduit de l'anglais par Léchaudé d'Anisy,

Caen, Mancel, 1823, 1 vol. gr. in-8, demi-rel.

377 — France historique et monumentale, par Hugo, *Paris*, Delloye 1836, 2 vol. in-4, complets, et le 3ᵉ jusqu'à la page 388.

378 — La France, par Lady Morgan, *Paris*, Treuttel et Wurtz, 1817, 2 vol. in-8. — Observation sur l'ouvrage la France, de lady Morgan, *Paris*, Nicolle, 1817, in-8, demi-rel.

379 — La France et l'Italie, par Barberi, *Paris*, Aillaud, 1822, 2 vol. in-8, demi-rel.

380 — France pittoresque, etc., par A. Hugo, *Paris*, Delloye, 1835, 3 vol., gr. in-8, demi-rel., fig.

381 — Les Pyrénées et le Midi de la France, par Thiers, *Ponthieu*, 1823, in-8. — Description de l'église de Brou. — Guide du Voyageur à Marseille, au Havre, à Dieppe, etc.

382 — Vues prises dans les Pyrénées-Françaises, avec texte descriptif, par Frossard et Jourdan, *Paris*, Treuttel et Wurtz, 1829, gr. in-fol., demi-rel., 24 pl. lithographiées.

383 — Dix vues de la ville de Bordeaux, lithographiées par Sewerin, *Bordeaux*, Léger, in-fol. obl., demi-rel.

384 — Histoire de Paris, par Dulaure, *Paris*, Guillaume, 1821, 8 vol. in-8, fig., demi-rel. — Histoire des environs de Paris, par le même, *Paris*, Guillaume, 1825, 7 vol. in-8, demi-rel.

385 — Paris historique ou Promenades dans Paris,

par MM. Charles Nodier, Régnier et Champin, *Paris*, Levrault, 60 liv. in-8, fig.

386 — Notice sur l'Ancien royaume des Auvergnats et sur la ville de Clermont, par A. de Lubre, *Clermont*, 1805, in-8 br.

387 — Antiquités de la Bretagne, par de Freminville, première partie, *Morbihan*, *Brest*, 1827, in-8, demi-rel.

388 — Voyage pittoresque dans le département de la Loire-Inférieure, par Ed. Richer, *Nantes*, Mellinet Malasis, 1823, gr. in-4, cart. — Précis historique de l'Histoire de la Bretagne, par le même, *Nantes*, 1821, gr. in-4, cart.

389 — Voyage pittoresque à Lyon, par de Fortis, *Paris*, Bossange, 1821, 2 vol. in-8, demi-rel.

HISTOIRE ANCIENNE ET MODERNE DE DIVERS PAYS.

390 — Précis de l'Histoire universelle, par Anquetil, 2e édition, revue et corrigée, *Paris*, Garneray, 1805, 14 vol. in-12.

391 — Faits mémorables de l'empereur de la Chine et la vie de Confucius, par Helman, *Paris*, 1 vol. in-fol. obl., cart.

392 — Voyage d'Anténor en Grèce et en Asie, par Lantier, *Paris*, Belin, an VI, 3 vol. in-8, demi-rel.

393 — Lettres athéniennes, traduites de l'anglais, par
A. L. Villeterque, *Paris*, Dentu, 1803, 3
vol. in-8, cart.

394 — Voyage du jeune Anacharsis en Grèce, par J.-J.
Barthélemy, *Paris*, Didot jenne, l'an VII, 7
vol. gr. in-4 et atlas in-fol., cart. à la Bradel.

395 — Histoire de la Grèce depuis son origine à la mort
d'Alexandre, par le doct. Goldsmith, *Paris*,
Langlois, 1802, 2 vol. in-8, enrichis de cartes.

396 — Considération sur les causes de la grandeur des
Romains et leur décadence, par Montesquieu,
Paris, Renouard, 1795, 2 vol. in-8, m. r.,
tr. dor.

397 — Histoire de Catherine II, par J. Castera, *Paris*,
Buisson, an VIII, 3 vol. in-8, demi-rel. ornés de 16 cartes et portraits.

398 — La Pologne, scènes historiques, monumens, etc.,
par Léonard Ghodzko, *Paris*, in-8, demi-rel.,
orné de fig. — Souvenir de la Pologne, par
une réunion de Polonais, *Paris*, 1832, gr.
in-8, br.

399 — Mes souvenirs de vingt ans de séjour à Berlin,
par Dieudonné Thiébault, *Paris*, 1804, 5
vol. in-8, demi-rel.

400 — L'Angleterre vue à Londres, dans ses provinces,
etc., par Pillet. — Londres et ses habitans,
ou 15 jours à Londres en 1815, et six mois en
1816, par M***, *Paris*, Eymery, 1805 et 1817.
— L'Angleterre au XIXe siècle par de Lewis,

Paris, Renouard, 1814, 3 vol. in-8, demi-rel.

401 — Précis de l'Histoire de France, par M. Anquetil, depuis les Gaulois, à la fin de la monarchie, *Paris*, Garneray, 1805, 14 vol. in-12.

402 — Collection des Mémoires particuliers relatifs à l'histoire de France, *Londres* et *Paris*, rue et hôtel Serpente, 1785 à 1790, 71 vol. in-8, demi-rel., basane ; le 71ᵉ vol. est la table générale.

403 — Satire de Ménippée, de la Vertu du catholicon d'Espagne, etc., à *Ratisbonne*, chez les héritiers de Mathias Kerner, 1709, 3 vol, in-8, m. r. tr. dor., à nerfs, anc. rel.

404 — Figures pour servir à l'histoire de France, dessinées par Moreau le jeune, in-4, fig. au nombre de 154.

405 — Histoire des ducs de Bourgogne de la maison de Valois, 1364 à 1477, par M. de Barante, *Paris*, Duffey, 1837 à 1838, 12 vol. in-8 et 12 cahiers in-8 de fig., broch.

406 — Mémoires complets et authentiques du duc de Saint-Simon sur le siècle de Louis XV et la régence, *Paris*, Sautelet, 1829 à 1830, 21 vol. in-8, demi-rel.

407 — Mémoires de Bezenval, écrits par lui-même, *Paris*, Buisson, 1805, 4 vol. in-8, demi-rel.

408 — Mémoires de Stanislas de Boufflers, ornés de 16 vign., *Paris*, Briand, 1813, 2 vol. in-8, demi-rel.

409 — Mémoires de madame Dubary, *Paris*, Maine et
Delaunay-Vallée, 1829 , 4 vol. in-8 , demi-
rel.

410 — Mémoires du duc de Richelieu, *Paris*, Maine et
Delaunay-Vallée, 1829, 6 vol. in-8 demi-rel.

411 — La cour et la ville sous Louis XIV, Louis XV et
Louis XVI, par F. Barrière, *Paris*, Dentu,
1830, in-8.

411 bis — Histoire des salons de Paris; tableau des
portraits du grand monde, sous Louis XVI,
au règne de Louis-Philippe, *Paris*, Ladvocat
1838, 3 vol. in-8, br.

412 — Esquisses historiques des principaux événemens
de la révolution française, par Dulaure,
Paris, 1825, 5 vol. in-8. en 37 liv. (manquent
n. 6 et 28).

413 — Mémoires de M. le comte de Montlosier, sur la
révolution française, etc., de 1755 à 1830,
Paris, Dufay, 1830, 2 vol. in-8, br.

414 — Mémoires sur le consulat, *Paris*, Ponthieu ,
1827, in-8. br.

415 — Histoire de Napoléon, par de Norvins, *Paris*, A.
Dupont, 1827, 4 vol. in-8, fig., demi-rel.

416 — Mémoires contemporains, manuscrit de 1813 et
14, par le baron Fain, *Paris*, Delaunay,
1823, 2 vol. in-8, br.

417 — Napoléon et la grande armée de Russie, ou exa-
men critique de l'ouvrage de M. le comte de

Ségur, par le comte de Gourgaud, *Paris*, Bossange, 1825, in-8, br.

418 — Mémoires pour servir à l'histoire de France sous Napoléon, par le comte Montholon, *Paris*, Didot, 1823, 6 vol. in-8. br. — Mémoires par le comte Gourgaud, écrit à Sainte-Hélène, *Paris*, Didot, 1823, 2 vol. in-8, br.

419 — Napoléon en exil à Sainte-Hélène, par Barry O'Meara, *Paris*, Plancher, 1822, 2 vol. in-8, demi-rel.

419 bis — Mémoire du docteur Antomarchi, ou les derniers momens de Napoléon, *Paris*, Barrois, 1825, 2 vol. in-8, demi-rel.

420 — Mémorial de Sainte-Hélène, par le comte de Las Cases, *Paris*, l'auteur, 1823, 6 vol. in-8, br. (Manque le 3e).

421 — Souvenirs historiques de la révolution de 1830, par Bérard, *Paris*, Perrotin, 1834, in-8, br.— Douze journées de la révolution de 1830, par Barthélemy, *Paris*, Perrotin, 12 livr. in-8.

422 — Origine des cultes, par Dupuis, *Paris*, Babœuf, 1822, 7 vol in-8, demi-rel. et atlas in-4, cart.

423 — Les Jésuites, par M. de Montlosier, *Paris*, 1827, in-8, br.

424 — Histoire critique de l'inquisition en Espagne, par J.-A. Lorente, traduite par A. Pélissier, *Paris*, Wurtz, 1818, 4 vol. in-8, demi-rel.

425 — Essai sur les illuminés, par Luchet, *Paris*, 1729, in-8, demi-rel.

BIOGRAPHIE, RECUEILS DE PORTRAITS.

427 — Dictionnaire historique et critique de P. Bayle, Nouvelle édit., *Paris*, Desoer, 1820, 16 vol. in-8, basane.

428 — Portraits des rois et reines de France, depuis Pharamond jusqu'à Louis-Philippe Ier, avec une table chronologique, *Paris*, Delpech, 1 vol. in-4°, cart., 131 pl. coloriées.

429 — Iconographie française, ou portraits des personnages les plus illustres qui ont paru en France depuis François Ier jusqu'à Louis XVI, *Paris*, Delpech, 44 livraisons gr. in-fol.

430 — Iconographie des contemporains, depuis 1789, jusqu'en 1820, *Paris*, Delpech, 1823-32, 2 vol. gr. in-fol., demi-rel.

431 — Célébrités contemporaines, *Paris*, Delpech, 19 livraisons gr. in-fol.

432 — Dictionnaire biographique de tous les hommes morts et vivans, *Leipsic*, 1807, 4 vol. in-8, demi-rel.

433 — Biographie nouvelle des contemporains, histoire de tous les hommes qui ont acquis de

la célébrité depuis la révolution, soit en France , soit à l'étranger, par MM. Arnaut, Jay, Jouy , etc., *Paris*, 1820 à 1825, 20 vol. in-8°, ornés de plus de trois cents portraits.

434 — Répertoire universel, ou histoire biographique des femmes célèbres, par une société de gens de lettres, *Paris*, Desauges, 1826-1827, 4 parties en 8 vol. in-8, br. — Idée du génie et de l'héroïsme des femmes , par P..., *Paris*, Desauges, 1826, 2 vol. in-12 , br.

435 — Portraits et histoire des hommes et femmes utiles de toutes les conditions, etc., publiés et propagés par la société Monthyon et Franquelin, *Paris*. Deux parties en 5 vol. in-8. — Iconographie instructive, par Jarry de Mancy, in-8, demi-rel.

436 — Portraits des hommes utiles, première série, 1838.

437 — Biographie des députés de 1820 à 1822, *Paris*, Plancher, 1822, in-8, br.

438 — Guide électoral, ou biographie de tous les députés de la France de 1819-1820, par Brissot-Thivars, 1820, in-8, br.

439 — Vie de Joseph Balsamo , connu sous le nom de comte Cagliostro. *Paris* , 1791 , in-8, demi-rel.

440 — Almanachs royaux de 1820 à 1829, 10 vol. in-8, basane.

441 — Sous ce numéro plusieurs ouvrages et livres dé-
pareillés, qui seront vendus au commence-
ment de chaque vacation.

PARIS. — IMPRIMERIE DE MAULDE ET RENOU,

RUE BAILLEUL, 9 ET 11, PRÈS DU LOUVRE.   1396)